DER STOFF

Monika Helfer

Der Stoff

Mit Illustrationen von
Hanna Zeckau

DINGE DES LEBENS

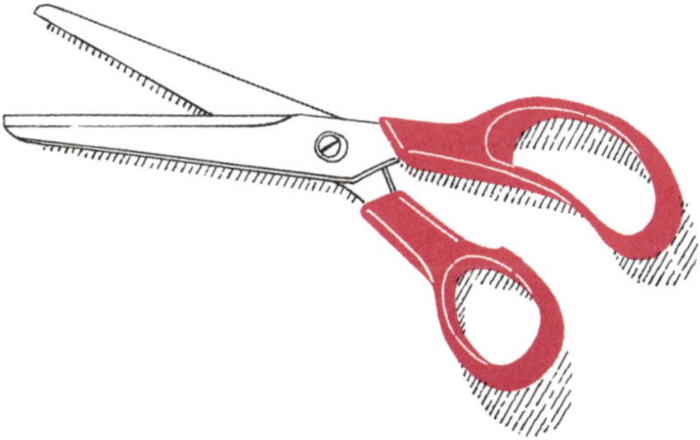

Als ich am ärmsten war, trug ich nur Sachen aus dem Second-Hand-Laden. Die verbesserte ich. Das machte mich glücklich.

Die gebrauchten Sachen bestanden meist aus wertvolleren Stoffen als die neuen – raue Bordüren, verschiedene Seiden, verschiedene Samte, Klöppelspitzen, Häkelspitzen, Brokat mit Metallfäden, aber auch einfaches Bauernleinen, dann wieder goldener Satin, Baumwollen aller Art von fein bis derb. Wer Wert auf guten Stoff legt, der trägt seine Sachen über lange Zeit, pflegt sie und hat sie lieb, und wenn er sie nicht mehr tragen will oder nicht mehr tragen kann, weil er zu dick oder zu dünn geworden ist, dann möchte er das Liebgewonnene, in dem so viele Erinnerungen nisten, nicht wegschmeißen, er gibt es in einen Second-Hand-Laden. Und hofft, eine wie ich findet den lieben Mantel, die liebe Bluse, die liebe Hose, die liebe Jacke.

Ich finde.

Ich kaufte mir etwas Neues, das ich bezahlen konnte und das halbwegs etwas gleichsah, außergewöhnlich schön musste es gar nicht sein. Oder ich besorgte mir frischweg blanken Stoff, vornehmlich einen schlichten, der einen neutralen Hintergrund bilden konnte. Das nun war die Grundlage. Dann wühlte ich nach Abfällen bei einer Schneiderin, die ich kannte – Zierkissenüberzüge, Säume aus einem alten Ulanenmantel, verwaschenes, fleckiges Olivgrün, verschiedene Hemdkrägen, leicht abgewetzt, fellbesetzte Muffe mit Seidenfutter, in das ein Täschchen eingelassen war, Kummerbünde mit Häkchen.

Ich zerlegte. Nahm ab, trennte auf und nähte an. Strickte.

Ich strickte zum Beispiel Ärmelbünde, die zu einem Stück Kragen passten, das ich als Fortsetzung zurechtschnitt. Ich färbte um. Schnitt halbe Ärmel ab und nähte Bünde und Kragen an. So ging das weiter von Kopf bis Fuß. Dezent und extravagant in einem. Als wär's eine Selbstverständlichkeit, was ich trage und wie. Am Ende war ich zufrieden, und genügend Reste waren übrig, um damit noch eine Bluse zu boostern.

Es war, als wärmte ich meinen Körper mit meinen eigenen Händen. So führte ich nur Originale aus. Originale aus meiner Hand.

Als Peter Handke der Nobelpreis verliehen wurde, trug er bei seinem Vortrag ein Hemd, das er mit Woll- und Garnfäden bestickt hatte. Da er in der Literatur so ganz Eigenes geschaffen hatte, wäre es ja auch komisch gewesen, wenn er in einem Gewand aufgetreten wäre, das jeder hätte tragen können. Er kam, wie er sagte, von Homer, Cervantes und Tolstoi her. Das kann man nicht in einem Nullachtfünfzehn-

Gewand. Es braucht ja gar nicht viel, um den Jedermann in ein Original zu verwandeln.

Und was braucht es? Sinn für Schönheit. Und genug Einfalt, um zu glauben, man wisse, was Schönheit ist, und um zu glauben, man habe genug davon.

Immer wieder werde ich gefragt: Woher hast du das? Wo kann man so ein Kleid kaufen? Dann ziehe ich eine Augenbraue hoch und schweige. Ich habe den Ruf, mich exklusiv zu kleiden. Diesen Ruf mag ich. Auf meinen Sinn für Schönheit bilde ich mir einiges ein.

Haut und Hülle

Wir sind nackt.

Immer sind wir nackt.

Auch im Gewand sind wir nackt. Würde ich schreiben, *unter* dem Gewand sind wir nackt, so wäre das zwar richtig, aber zu offenkundig wahr und darum banal. Wenn ich dagegen schreibe *im Gewand,* bekommt unser Körper etwas Heimliches, Klandestines, Konspiratives, Verhohlenes, nicht Fassbares. Der Körper versteckt sich. Das Gewand ist sein Dschungel, sein Wald. Er benützt das Gewand als Tarnung. Das Gewand zeigt nicht, was er ist. Es könnte sogar sein, er ist gar nicht hier. Dann wäre ich bloß eine Puppe.

Mit den Sätzen verhält es sich wie mit den Kleidern. Sie verbergen und sie verraten, und oft verbergen sie, indem sie verraten, und oft ist es umgekehrt.

Zwei Herren, beide sowohl Weber als auch Schneider, lassen sich vom Kaiser empfangen. Sie haben viel zu bieten. Sie behaupten, über Fähigkeiten zu verfügen, derer sich keiner ihrer Zunftgenossen rühmen kann: Sie wollen dem Kaiser Kleider machen, wie es schönere auf der Welt nicht gibt. Das aber sei nicht alles. Außerdem hätten die Kleider die Eigenschaft, den Geisteszustand der Menschen zu offenbaren, die über sie urteilen. Wer ihre Schönheit und Pracht nicht erkennt oder die Kleider gar nicht sieht, der sei dumm und könne für ein Amt oder eine andere wichtige Aufgabe nicht gebraucht werden. Der Kaiser ist begeistert und stellt die Herren ein – und bezahlt sie gut. Die Herren machen sich an die Arbeit. Auf unsichtbaren Webstühlen weben sie unsichtbare Stoffe. Die Minister des Kaisers sind über die Fähigkeiten der Herren informiert. Sie kommen, um dem Kaiser zu berichten, wie weit die Arbeit fortgeschritten sei. Die Herren breiten vor ihnen die Stoffe aus, die unsichtbaren, bitten sie, die unvergleichlichen Farben und Muster zu betrachten, sie legen ihnen den Stoff, den unsichtbaren, in die Hände. Sie sollen fühlen! Jeder Minister denkt bei sich, ich sehe nichts, ich fühle nichts, mein Gott, ich bin dumm. Niemand darf es wissen! Also loben sie die Arbeit der beiden Herren hymnisch und berichten dem Kaiser mit den gleichen Worten. Bei einem Festumzug will der Kaiser seinem Volk seine neuen Kleider präsentieren. Jubel! Wer möchte schon als ein Dummer erkannt werden! Aber da ist ein Kind, das zeigt mit seinem Fingerchen auf den Herrscher und ruft: Der hat ja gar nichts an! Schließlich sehen alle ein, dass sie betrogen worden sind, vor allem, dass sie sich selbst betrogen haben. Anrührend der Schluss: Auch der Kaiser gibt es zu. Aber er hält es aus, den Menschen seine Dummheit vorzuführen. Er geht den Umzug zu Ende.

Hans Christian Andersen hat das Märchen im ersten Drittel des neunzehnten Jahrhunderts geschrieben. Übrigens:

Er hat sich mehr als nur inspirieren lassen durch eine Geschichte aus der Novellensammlung von Karl Eduard von Bülow, einem Märchen-, Legenden- und Geschichtendichter, der zur gleichen Zeit lebte wie Andersen. Von Bülow seinerseits hat die Geschichte von einem spanischen Dichter des dreizehnten Jahrhunderts. Ich erwähne das, weil immer wieder gesagt wird, Hans Christian Andersen habe im Unterschied zu den Brüdern Grimm alle seine Geschichten selbst erfunden. Das soll das Verdienst des großen Dänen nicht mindern, es soll aber zeigen, dass Geschichtenschreiben stets das Weitergeben eines Staffelstabes ist.

Die Moral der Geschichte lautet: Lass dich nicht durch schöne Worte und brachiales Selbstbewusstsein täuschen! Für den Kaiser ist diese Moral bitter. Ihre Bitternis wird allerdings gemildert, weil sich auch alle anderen – bis auf ein Kind – haben täuschen lassen. Viel bitterer ist etwas anderes: Die Menschen haben gesehen, dass ihr Kaiser, wenn er nackt ist, sich von ihnen nicht unterscheidet. Dass er ist wie sie. Dass nicht die Natur – oder der liebe Gott – ihn zum Kaiser gemacht hat. Was aber auch etwas Gutes hat, nämlich: Wenn er nichts taugt, braucht man nicht darauf zu warten, bis ihn die Natur oder der liebe Gott seines Amtes entheben, man kann es selber tun.

* * * * *

Kleider machen Leute ist eine Formel, die schön klingt und deshalb nicht weiter überprüft wird. Eine Schriftstellerin sollte solche Formeln nicht verwenden, und wenn doch, dann ironisch, und auch nicht Ironie kann sie retten, denn es wäre eine ironische Brechung von etwas bereits hundert-

mal ironisch Gebrochenem. Andererseits: Kann ich beim Schreiben nicht manchmal wenigstens vorgehen wie bei der Verwandlung von Jedermanns Garderobe in mein eigenes Gewand? Literarische Wiederverwertung sozusagen. Auch das Wort »sozusagen« sollte man meiden. Oder ironisch einsetzen. Über dieses Thema müsste ich lange nachdenken, aber dann würde ich womöglich den roten Faden meines Textes verlieren …

Gottfried Keller bereits ironisierte die Formel, indem er damit eine der Geschichten seiner Sammlung *Die Leute von Seldwyla* betitelte. Wenn Kleider Leute machen: Sollen die Kleider den gesellschaftlichen Stand ihrer Trägerin anzeigen? Sollen die Marken wie eine Hitparade der Zugehörigkeit fungieren? *Dior, Prada, Balenciaga, Moncler, Gucci, Chanel, Louis Vuitton, Fendi* … Lautet die Frage also nicht: Wer bin ich? Sondern: Zu wem gehöre ich? Wen bewundere ich? Wie wer möchte ich sein? Wenn die Kleider schon Leute

machen, zu welcher Art von Leuten sollen sie mich machen? Peter Handke hat sich entschieden: Mein Hemd soll mich zu dem machen, der ich bin. Nur ich bin ich und sonst keiner. Das ist auf erfrischende Weise tautologisch. So will ich es auch. Wenn mich aber meine Kleider zu der machen sollen, die ich bin, dann bleibt als letzte Konsequenz: Ich muss mir mein Gewand selber machen.

Unter dem Gewand bin ich nackt und unverkennbar. Das ist das Gute und zugleich das weniger Gute am Prozess der Alterung: Man wird unverkennbar.

Ich möchte eine gewisse Übereinstimmung zwischen Haut und Hülle herstellen. Das ist alles.

Dorian Gray hat das nicht geschafft. Seine exklusiven Anzüge konnten daran nichts ändern. Oscar Wilde war ein Dandy. Aufrechtes Dandytum aber ist gelebte und vorgezeigte Ironie: Schaut her, so sieht der Unterschied zwischen Haut und Hülle aus! Schaut her, ich stelle mich diesem Unterschied, ich halte diesen Unterschied aus. Mein Gewand zeigt euch, wer ich sein könnte. Noch mehr: Ich tue so, als ob ich der, der ich sein *könnte,* einmal gewesen wäre! Gebt mir nicht die Hand, streicht stattdessen über meinen Ärmel. Der Stoff meines Ärmels ist wahrer als die Haut meiner Hände. Das Bildnis des Dorian Gray war seine äußere Hülle, eigentlich sein Gewand, sein wahres Gewand.

Die Formel sollte lauten: Kleider können zaubern. Darauf baut die Illusionsmaschine des Theaters.

* * * * *

Wenn einer kommt und sagt, die Haut ist kein Kleidungsstück, so ist das wieder banal, weil offensichtlich. Die Kleidung ist da, um die Haut aus welchen Gründen immer zu verdecken. Wenn er aber sagt, die Haut ist *noch* kein Kleidungsstück, dann muss ich darüber nachdenken.

Kann man die Haut zu einem Kleidungsstück machen? Ich meine jetzt nicht die Haut eines Tieres, aus der Leder gegerbt wird. Ich meine auch nicht die ungeheure Perversion, die wir in dem Film *Das Schweigen der Lämmer* vorgeführt bekommen, in dem eines der beiden Monster seinen Opfern die Haut abzieht und daraus eine Art Mantel fertigt, den er sich überzieht. Ich meine die Tätowierung.

Wir bekleiden uns ja nicht nur, um uns vor Blicken, Kälte und Hitze zu schützen, sondern auch, um uns zu schmücken. Wir sind zu der Auffassung gelangt, dass Kleider uns schöner machen, und wissen gleichzeitig, es ist ein Irrtum, und wissen außerdem, dass die anderen es auch wissen. Wenn ich nun in meine Haut Tinte steche, wenn ich sie gestalte wie ein Künstler eine Leinwand, mache ich sie dann zu meinem Gewand? Zu einem Zwischending aus Haut und Gewand?

Wir verbergen die Haut. Schämen wir uns ihrer? Schämt sie sich? Oder wollen wir bloß, dass sie keiner sieht, weil sie uns gehört, weil nur wir Macht über sie haben wollen?

* * * * *

Ist es schon einmal vorgekommen, dass die Schönheit einer Frau gepriesen wurde, nur weil sie ein schönes Kleid trug? Loben wir das Kleid, meinen wir – drittens – den guten Geschmack der Trägerin, zweitens den Schneider oder die Schneiderin, die Designerin oder den Designer, erstens aber: den Stoff.

* * * * *

Striche nur die Luft um unsere nackte Haut, wären wir wie Adam und Eva. Unschuldig und unfähig. Außer den Arm zu heben, um eine Frucht vom Baum zu pflücken, gäbe es für uns nichts zu tun. Nichts zu planen. Nichts zu korrigieren. Nichts zu verabscheuen. Nichts zu bejubeln. Wir hätten nichts lernen müssen, um durchs Leben zu kommen. Der Wind würde durch den Garten Eden wehen. Die Blätter würden nicht von den Bäumen fallen. Es gäbe keinen Herbst und keinen Winter. Und keinen Tod. Ich kann mir nichts anderes denken, als dass im Paradies immer Frühling war. Sich einen Hut zu flechten, wäre nicht nötig. Die Sonne scheint gerade gut genug. Der Regen fällt gerade gut genug. Der Wind weht gerade gut genug. Es ist nicht nötig, die Haut zu schützen oder die Augen oder die Ohren. Anoraks, Sonnenbrillen, Mützen sind im Plan Gottes nicht vorgesehen. Die Hände sind nicht gemacht worden, um zu schützen, sondern um zu pflücken. Die Gefahr war noch nicht erfunden.

Und dann merkten Adam und Eva, dass sie nackt waren. Ihre Hände bedeckten ihre Scham. Um sie vor dem Herrgott und seinen Blicken zu schützen.

Die Hände berührten die Haut. Aus dieser Geste wurde das Gewand. Nun erst spürten Adam und Eva, dass sie *unter dem Gewand* nackt waren. Woher hätten sie vorher wissen sollen, was Nacktheit überhaupt ist? Das Gewand machte sie auf ihren Körper aufmerksam. Das Gewand bot ihnen an, sich darin zu verbergen. Sie waren nun *im Gewand*. Das war die erste Folge davon, dass sie vom Baum der Erkenntnis von Gut und Böse gegessen hatten.

Warum wollen wir etwas verbergen? Etwas zu verbergen ist eine passive Lüge. Die Lüge ist eine Sünde. Adam und Eva haben gesündigt. Darum wird die Wahrheit oft die »nackte Wahrheit« genannt.

* * * * *

Hände und Arme sind Teile des Körpers. Aber sie reichen nicht aus, um uns zu schützen. Die Hände können die Schultern bedecken, die Arme legen sich dabei um die Brust. Dann sind aber der Bauch, der Rücken, der Hintern, die Beine, die Knie, die Füße frei.

Aber man war ja zu zweit.

Ich habe gelesen, am Beginn des Kusses waren Mutter und Kind. Die Mutter kaute dem Kind die Speise vor und schob sie ihm in den Mund. Genau wissen tut das niemand. Kann sein, es stimmt etwas anderes, doch wird es nicht so schön sein wie dieses. Also will ich dieses glauben.

Wenn zwei sich umarmen, schützen sie gegenseitig Brust, Bauch und Hals und einen Teil des Rückens des jeweils anderen. Wenn sie sich zudem umbeinen, haben es auch Schenkel und Waden warm. Der Hintern bleibt unbedeckt. Aber man kann die Hände und Arme ja bewegen. Daraus wurde das Streicheln. Und das war alles zusammen sehr angenehm.

Weil du mir tust, was ich dir tu, hab ich dich gern.

Drum tat man das manchmal auch, wenn's gar nicht nötig war. Also nicht nur im Winter. Das war dann Zärtlichkeit. Es kann durchaus sein, dass sich die Liebe aus der Zärtlichkeit entwickelte, und nicht umgekehrt. Darüber sollen sich aber andere den Kopf zerbrechen.

* * * * *

Die Jahreszeiten sind Phänomene außerhalb des Paradieses. Wo es nur den Frühling gibt, brauche ich keinen Namen für ihn. Wenn es von dem einen kein Gegenteil gibt, ist es dann überhaupt nötig, einen Namen zu erfinden?

* * * * *

Ist der Mensch arm, wird der Stoff billig sein, ist er noch ärmer, sind es Lumpen, mit denen er sich bedeckt. Ein reicher Mensch zeigt sich in Feinem.

Einige Worte betreffend die Vielfalt der Stoffe: gestrickt, gestickt, gewirkt, gefädelt, fadenscheinig, steif, kratzend, kühl, schmeichelnd, vornehm, lässig …

Es gibt Stoffe, in denen schwitzt man. Sie kann ich am wenigsten leiden. Sie saugen den Schweiß nicht behutsam auf und neutralisieren ihn wenigstens über einen Tag hin-

weg. Im Gegenteil, sie legen den Schweiß frei und helfen den Bakterien, ihn so rasch wie möglich zu zersetzen. Der Mensch stinkt. Nicht wie die Natur vorgesehen hat, dass er stinkt, er stinkt auf eine nie zuvor gerochene Art. Das Parfüm einer neuen Zeit. Man kann diese Produkte nicht einmal auf anständige Weise vernichten. Sie richten immer Schaden an.

In den Fünfziger- und Sechzigerjahren des vorangegangenen Jahrhunderts wurde für Nyltesthemden oder Nyltestblusen geworben, als wäre diese Ware das Manifest der neuen Zeit. Wie der neue Kühlschrank, der neue Staubsauger, der Fernseher verkündeten die Nyltestprodukte einen Aufbruch. Es geht aufwärts. Vor allem aber: Es geht voran. Der Fortschritt wurde nicht befragt, wohin er fortschreitet, Hauptsache, er schreitet fort. Fort von wo? Fort von der Vergangenheit.

Der Krieg und die Nazizeit, die Konzentrationslager, das Morden waren noch nicht lange her. Fort, fort, fort! Schnell,

schnell, schnell! Auf vielen Fotos aus dieser Zeit konnte man uns sehen, wie wir über die Schulter blickten, als hätten wir es sehr eilig und wären schon weiter. Hin zu Bedeutendem! Offene Krägen. Alles sollte durchlüftet sein. Nyltesthemden und -blusen bestanden zu hundert Prozent aus Polyamid. Vollsynthetisch. Gut, nach einer Stunde schwitzte man wie bei einem Alptraum nachts im Bett, aber ruckzuck tauchte man das Hemd in warmes Wasser, rieb es an einem Stück Seife – ich erinnere mich an die Marke *Rexona* –, ausspülen, auswringen, kurz aufhängen, fertig. Zu erledigen in der Mittagspause.

Gut, nach relativ kurzer Zeit wurden die Hemden hässlich gelb. Macht nichts! Weg damit! Die Wegwerfgesellschaft war gegründet. Wiederverwertung drosselt die Produktion. Wiederverwertung schädigt die Wirtschaft.

Außerdem: Kein Bügeln. Keine Zeit verlieren. In der Zeit, die man mit Bügeln verbringt, könnte man schon einen Schritt weiter sein auf der Karriereleiter. Das Hemd aus Plastik war ein Symbol für: *Jederzeit bereit!* Tempo, Tempo, Tempo!

Helmut Qualtinger sang: »Ich hab' zwar keine Ahnung, wo ich hinfahr', aber dafür bin ich schneller dort.«

Das Stofftaschentuch wurde abgeschafft. Zu aufwändig in der Pflege. Unhygienisch dazu. Gewirktes, in dem Nasenrammel kleben, übersetzt ins vorbildhaft Hochdeutsche: Nasenpopel. Die Deutschen waren mehr Amerikaner als wir Österreicher.

Aber wir bemühten uns. Alles wurde gemessen, die Arbeitszeit und die Freizeit. Die Ideen des amerikanischen Arbeitswissenschaftlers Frederick Winslow Taylor vom Beginn des zwanzigsten Jahrhunderts veränderten die Arbeitswelt.

Jeder Handgriff sollte auf seine Effizienz untersucht werden. Der sogenannte Taylorismus griff auch auf die Freizeit über, auf das ganze Leben. Effektiv, effektiv, effektiv! Wie viel Zeit eines Konsumenten nimmt ein Taschentuch aus Stoff in Anspruch und wie viel eines aus Papier? Kein Vergleich. Wie viel Zeit darf dem Naseputzen in der modernen Zeit zugebilligt werden? Antwort: so wenig wie möglich.

Der Untergang des Nyltesthemdes war eine Katastrophe. Für den Oberkörper des Mannes zwar ein Segen, für die Gesinnung der Nachkriegsgesellschaft aber ein Drama: Der Fortschritt hat Grenzen. Diese Einsicht war dystopisch. Das Hemd kühlte im Sommer nicht, im Gegenteil, es wärmte im Winter nicht, im Gegenteil, selbst den Motten grauste es davor.

Aus der Traum!

Die Magie der Stoffe

Ich war ein Kind und liebte Stoffe. Und liebe sie noch. Sie anzugreifen, ihre Struktur zu erforschen, an ihnen zu riechen, zu reiben, sie ans Licht zu halten, ihre Reißfestigkeit zu prüfen, dies alles bereitet mir Freude.

Ich kannte die Besitzerin eines Kurzwarengeschäfts, so hieß das damals, eine Italienerin, Falten im Gesicht wie Krepp – oder wie der Kenner sagt und schreibt: Crêpe. Unter vielem wie Knöpfen, Reißverschlüssen, Fäden, Garnen gab es auch Stoffe in ihrem Laden. Die günstigen waren in einer Schachtel an der Kasse, es waren Reste, Streifen bis zu armlang, aber nicht breiter als ein Lineal, Fetzen, handteller- bis zu einem halben Quadratmeter groß, komplizierte Vielecke, die zu gar nichts zu gebrauchen waren, Ausgefranstes, Versteiftes zum Unterlegen. Aber auch Fell- und Lederreste. Sehr schön: eine Ledermusterpalette, das waren tropfenförmige Lederstücke in verschiedenen Farben und

Oberflächenstrukturen, die an der spitzen Seite der Tropfen mit einer Niete verbunden waren. Die besseren Stoffe lagen in Regalen, aufgerollt auf harte Pappstreifen.

Die Frau kannte mich, sie mochte mich, sie mochte an mir, dass ich Stoff mochte. Ich war zwölf Jahre alt, und sie begrüßte mich: »Ehi, piccola, wühlst wieder in meiner Kiste, Monika? Ich hab schöne neue Lieblinge für dich. Devi trovarli.«

Ich wühlte und fand und bekam geschenkt und noch ein Stück draufgelegt. Aber es zog mich zu den Stoffballen. Ich schob meine Hände zwischen die kühlen Lagen und zog daran und rollte ein wenig auf. Es war wie Händewaschen. Wie Sich-Zurechtmachen für ein Fest.

Sie ließ mich. Sie legte mir noch ein paar Fetzen in meine Tasche und fragte: »Was wird daraus?«

Ich zuckte mit den Achseln. Nichts wurde daraus. Ich wollte die Stücke einfach besitzen. Ich wollte sie besitzen und anschauen. Ich hätte gerne eine Freundin gehabt, die auch sammelt, dann hätten wir tauschen können. Ich schnitt die Teile in kleine Quadrate, zehn mal zehn Zentimeter, und klebte sie an ihrem oberen Rand in ein Heft. Auf das Schildchen vorne schrieb ich:

MONIKA HELFER
STOFFHEFT
EINS

Es war ein blankes Schulheft, DIN A4, 40 Blatt. Nicht nur bei den Stoffen, auch bei den Heften gab es billige und teure. Die billigen hatten einen weichen, ins Orangefarbene spielenden Umschlag, bei den teuren war er dunkelblau-weiß

gesprenkelt und hart. Fünf Stück von den teuren Heften besorgte ich mir. Das Geld dafür habe ich meiner Stiefmutter aus der Zuckerdose geklaut. Sie hat es nicht gemerkt. Es war ihre Reserve. Die hat sie nie nachgezählt. Sie wollte sich selbst überraschen im Notfall. Doch in diesen Zeiten traten keine Notfälle ein. Es ging aufwärts, bei den einen schneller, bei den anderen langsamer, bei uns sehr langsam, aber doch aufwärts. Notfall hieß, es geht abwärts.

Auch meine schöne Großmutter hatte so ein Stoffbuch besessen. Das sie wiederum von ihrer Herrin, einer Gesellschaftsdame, geschenkt bekommen hatte. Ein knappes Jahr hatte sie bei dieser Herrschaft gedient. Da war sie noch ein ganzes Stück von ihrem zwanzigsten Lebensjahr entfernt. Die Dame war von dem hübschen Gesicht des Mädchens gerührt und war auch gerührt, wie dieses halbe Kind mit den Händen über die Stoffe strich, erst mit der Handfläche, dann mit dem Handrücken, und dabei so glücklich aussah und Laute von sich gab, die sie nie gehört hatte. Taubengurren. Als sie meiner Großmutter zum Abschied den Katalog mit den Stoffmustern überreichte, soll sie gesagt haben: »Weil ich nie so ein glückliches Gesicht gesehen habe wie deines. Das verdient die Welt gar nicht.«

Das Heft war doppelt so groß wie meines, eigentlich war es ein Buch mit vorgedruckten Zeilen und Spalten, ein Kassenbuch. Es war aufgequollen wegen der eingeklebten Stoffe und mit einem Gürtel zusammengebunden. Da waren Gobelins, Samt- und Seidenstoffe, Brokate mit kühnen Mustern, hart gewebte Teppichstoffe, ausgeblichen Buntes und vieles mehr.

* * * * *

Ist der Mensch arm, wird der Stoff billig sein, ist er noch ärmer, sind es Lumpen, mit denen er sich bedeckt. Ein reicher Mensch zeigt sich in Feinem.

Der heilige Martin war ein Offizier. Militärs werden gut ausgerüstet. Zur Zeit des Römischen Reiches gehörten Offiziere zu den bestangezogenen Männern. Mitten im Winter begegnete er einem Bettler, der war in Lumpen. Da teilte Martin mit dem Schwert seinen Offiziersmantel in zwei Teile und gab dem Bettler den einen Teil, den anderen behielt er.

Als uns die Geschichte im Religionsunterricht erzählt wurde, zeigte ich auf und fragte: »Warum hat er ihm nicht den ganzen Mantel gegeben? Was hat man von einem halben Mantel? Jetzt frieren sie beide, der Bettler und der Martin.«

Das habe ich natürlich nicht gesagt. Wenn mir jemand diese Geschichte heute erzählte, würde ich es sagen. Damals habe ich mir den Mantel des heiligen Martin sehr groß vorgestellt, mindestens so groß wie das Leintuch eines Doppelbettes. Dicker Stoff, womöglich zweilagig. Schwer wie zwei volle Rucksäcke. Auch konnte ich mir damals nicht vorstellen, wie der Heilige den Mantel teilte. Hat er mit dem Schwert hineingehauen? Ich kann mir nicht vorstellen, dass das Schwert so scharf war wie heute ein Teppichmesser. Ich muss lachen. Ich sehe den Heiligen vor mir, wie er sich abmüht, jeder normale Mensch würde fluchen, ein Heiliger tut das nicht. Eine Slapstick-Szene. Der Kampf eines Ritters gegen seinen Mantel. Wer gewinnt? Das Schwert oder der Stoff? Der Bettler steht verlegen daneben und wartet und denkt sich: Warum tut er das? Am Ende werden wir beide frieren. Aber auch er wird sich das nur denken, sagen wird er es nicht.

* * * * *

Als am 6. Jänner 2021 über den Sturm auf das Kapitol in Washington, D.C., berichtet wurde, sahen wir einen Mann, er wurde der QAnon-Schamane genannt, der trug eine Fellmütze mit Stierhörnern. Er brüllte und schüttelte die amerikanische Fahne, die an einen Speer gebunden war. Sein Oberkörper war nackt und tätowiert. Bison und Jäger zugleich war er. Er lieh sich Fell und Haut des Tieres, um sich damit zu kleiden.

Aber auch der Zahnarzt in der Lederjacke, der auf der Harley Davidson sitzt und in sein Wochenende hineinknattert, nimmt ein Stück des Tieres mit, das für seinen ledernen Lumberjack das Leben lassen musste. Der QAnon-Schamane wollte sein wie ein Bisonbulle, denke ich mir – ob der Motorradfahrer sein will wie ein Rind? Wild will er sein, ein bisschen wild. Von der Wildnis borgen will er. Nicht Gemachtes will er tragen, sondern Gewordenes, Gewachsenes.

* * * * *

Der Geruch der Stoffe ist ein eigenes Kapitel. Es müsste eingeteilt werden in: ungebrauchte Stoffe und gebrauchte Stoffe. Frische Seide zum Beispiel kann nach Meer riechen. Ein ferner Geruch nach Meer. Nach Muscheln. Nach Tang. Ich habe mir aber auch schon Seidenstoffe unter die Nase gehalten, die rochen nach heißen Steinen, auf die ein kurzer Sommerregen fällt. Loden riecht auch im ungebrauchten Zustand nach Schweiß. Ich habe zu Loden keine gute Beziehung. Dann gleich Filz. Meine Erfahrung ist: Aus Loden kriegst du einen Geruch nicht mehr heraus. Die Geruchsmoleküle haben im Loden eine feste Heimat. Sollen sie.

Der Geruch von gebrauchten Stoffen erzählt. Es ist wie beim Geruch eines Hauses oder einer Wohnung. Alle Erfahrung sagt: Hat sich ein Hausgeruch erst einmal festgesetzt, kriegst du ihn nicht mehr los. Der Geruch definiert das Haus. Es sind genau genommen Geruchssymphonien. Du kannst einmal diese Komponente verstärken, einmal eine andere, aber den Grundcharakter des Geruchs kannst du nicht verändern.

Wir haben einen guten Hausgeruch. Das bestätigt jeder, der unser Haus kennt. Und nicht erst, wenn er gefragt wird. Mein Mann und ich arbeiten an dem Geruch. Wir pflegen ihn. Wir geben Obacht auf ihn. Wenn wir Kässpätzle kochen und das ganze Haus riecht hinterher nach räßem Käse und gerösteten Zwiebeln, dann halten wir am nächsten Tag mit einer Süßspeise dagegen, Kaiserschmarren oder Scheiterhaufen oder Milchreis mit Safran. Der Kaiserschmarren gibt den Karamellgeruch, der Scheiterhaufen Zitronenschale, Rum, Zimt und Apfel.

Nicht viel anders verhält es sich bei den Kleidergerüchen.

Meine Mutter hatte vier Brüder, den Heinrich, den Lorenz, den Walter und den Sepp. Sie trugen gern Anzüge. Der Plural ist nicht korrekt. Sie besaßen jeder nur einen Anzug. Den Sonntagsanzug. Es waren schlanke Männer. Der Anzug passte ihnen gut dreißig Jahre lang. Ich habe irgendwo gelesen, im Nachlass von Franz Schubert werde sein Anzug erwähnt. Den habe er seinerseits geerbt. Nur ein Anzug wird erwähnt. So war es auch bei den Brüdern meiner Mutter. Auch wenn sie nur in den nächsten Ort fuhren, wo man sie nicht kannte, zogen sie ihren Anzug an und ein weißes Hemd und eine Krawatte. Sie ließen sich nicht gehen. In keiner Situation ließen sie sich gehen.

Ich kann mich gut an die Anzuggerüche meiner Onkel erinnern. Ich weiß nicht, ob sie die Stücke je reinigen ließen. Ihre Frauen haben sie ausgelüftet und ausgebürstet. Wenn ich unser Haus, später unsere Wohnung, betrat, wusste ich, welcher Onkel zu Besuch war. Noch bevor ich ihn hörte oder sah, roch ich ihn. Wenn ich das heute schreibe, wird sich jeder denken, es können keine guten Gerüche gewesen sein. Heute will man nach nichts riechen. Weder das Haus soll riechen noch das Gewand, schon gar nicht die Haut. Das sagt viel aus über unsere Beziehung zur Erotik.

Besonders gern mochte ich den Geruch von Onkel Sepp. Er war Kettenraucher. Er rauchte mit einer Selbstverständlichkeit, als wüchse ihm die Zigarette aus Zeigefinger und Mittelfinger.

Auch Onkel Walter rauchte. Er hielt die Zigarette zwischen Daumen und Zeigefinger und in der hohlen Hand. Er rauchte Filterlose. Seine Finger waren gelb. Obwohl er bei weitem nicht so viel rauchte wie sein Bruder Sepp, roch sein Anzug scharf nach Tabak. Und nach Rasierwasser. Onkel

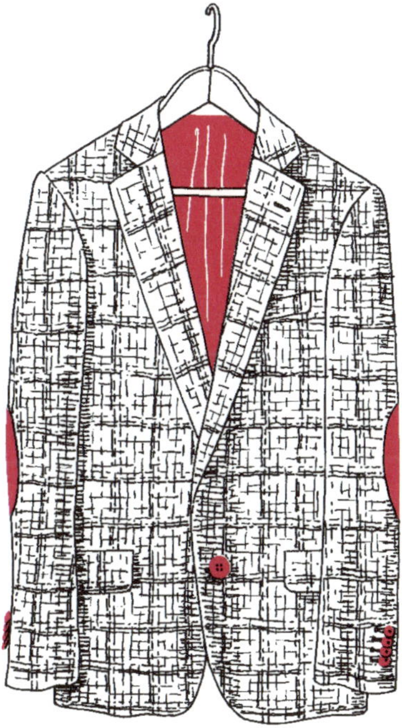

Walter war hinter den Frauen her und tat einiges für seinen Erfolg: beißender männlicher Tabakgeruch, Rasierwasser Marke *Pitralon* und Pfefferminzbonbons. Die Kulisse für seinen Charme.

Onkel Sepp roch nach Lagerfeuer, er roch warm. Auch wenn »warm« und »Geruch« sprachlogisch nicht zusammenpassen mögen, wissen wir doch, was ein warmer Geruch ist. Der Sepp redete nicht viel, fast möchte ich schreiben: Sein Geruch sagte alles. Er trug immer den gleichen Anzug, sprachlogisch müsste ich schreiben: denselben. Noch wenn ich ihm in seinen letzten Jahren begegnete, roch sein Anzug nach meiner Kindheit.

Onkel Lorenz roch nach Metall, Onkel Heinrich nach Stall, auch ein warmer Duft. Du kriegst den Geruch aus den Stoffen nicht heraus! Und aus deinem Leben auch nicht.

* * * * *

Der magische Blick auf die Welt sieht alles um uns herum als belebt. Auch die vom Körper abgelöste und gegerbte Haut, das Leder, das Fell, den Pelz. Die Haut ist ein lebendiges Wesen, sie ist dankbar, einen Körper wärmen zu dürfen, und sei's einen anderen. Am liebsten wärmt die Haut eines Tieres den Jäger, der es erlegt hat. Magisches Stockholm-Syndrom.

* * * * *

Mir gehört eine altrosafarbene Lederjacke, feinstes Kalbsleder. Elegant-lässig geschnitten. Lendenkurz. Mit Reißverschluss, darauf lege ich Wert. Der Faden, mit dem die Jacke zusammengenäht ist, könnte ein Naturprodukt sein. Das Plastik des Reißverschlusses aber, das haben wir Menschen selber gemacht. Da ist keine Natur drin. Auch die Farbe der Jacke kommt in der Natur nicht vor. Das ist gut so. Farbe und Reißverschluss lenken vom Tier ab. Es gibt keine altrosafarbenen Kälber.

Ich bin froh, dass Farbe und Plastik vom Tier ablenken. Ich habe schließlich die Farbe ausgesucht, nicht das Tier.

Kunststofferzeugung – diese Fähigkeit haben wir uns hinter dem Rücken des lieben Gottes selber beigebracht.

Ich habe erst erfahren, aus welcher Tierhaut meine Jacke gemacht ist, als ich sie bereits bezahlt hatte. Kein einziges Mal habe ich an ein Kalb gedacht, während ich meine altrosafarbene Nappalederjacke trug. Mich interessieren Tiere. Aber in anderer Hinsicht.

Ich finde meine Lederjacke sehr schön. Ich bewundere sie. Aber ich liebe sie nicht. Ich bin keine Freundin von Ledersachen zum Anziehen. Leder ohne Fell wärmt nicht und hält nicht die Hitze ab. Und man kommt darin leicht ins Schwitzen.

* * * * *

Ich erinnere mich an eine Szene in dem Film *True Grit* von Ethan und Joel Coen mit Jeff Bridges als versoffenem Marshal Reuben »Rooster« Cogburn und Hailee Steinfeld als das Mädchen Mattie Ross, die ihn engagiert und ihn mit dem letzten Geld ihrer Familie bezahlt, damit er den Mörder ihres Vaters finde. Ein Western, wie er im Buch steht.

Mitten im Schneetreiben taucht ein Trapper auf einem Pferd auf, der ganz in das Fell eines Bären gehüllt ist. Sein Kopf steckt im Schädel des Tieres, die Zähne des Oberkiefers blecken über den Augen des Mannes. Das lässt den Mann aussehen wie ein Ungeheuer aus einer anderen Welt. Dabei ist er ganz friedlich. Ihm ist halt kalt, und irgendwo hat er diesen Umhang erworben.

Er zieht umher auf der Suche nach Dingen, die man brauchen kann. *Needful things.* Alles kann man brauchen. Nichts wird weggeworfen. Irgendwann kann man es für irgendetwas verwenden, vielleicht für etwas anderes, als wofür es gemacht worden war.

Jeff Bridges und Hailee Steinfeld haben gerade einen Erhängten von einem Baum geschnitten, der liegt nun zwischen ihnen und dem Bären-Trapper im Schnee. Der Trapper fragt, ob er die Leiche haben darf. Er legt sie hinter den Sattel auf sein Pferd. Als er im Schneetreiben verschwunden ist, fragt das Mädchen, wozu er den Toten brauche. Jeff Bridges antwortet, es gebe viel an so einem, was man nutzen könne, die Zähne, die Haare, die Knochen, die Haut und so weiter, und man könne ja auch tauschen, wenn man selbst keine Verwendung dafür habe.

Nichts geht verloren. Nichts soll verkommen. Was irgendwann gebraucht werden kann, wird irgendwann von irgendjemandem erwartet. Wer so denkt, denkt magisch.

* * * * *

Wofür die Dinge bestimmt sind, das entscheiden wir. *Brauchbar* ist ein offener Begriff. Ich ziehe über Flohmärkte, dränge mich durch Second-Hand-Läden, betrete exklusive Stoffgeschäfte, ich suche nichts Bestimmtes, ich schaue nur, ich habe eine Ahnung, was ich mit diesem oder jenem Stück irgendwann einmal anfangen könnte. Eine Menge Schachteln stehen bei uns herum, voll mit Dingen, mit denen ich irgendwann einmal vielleicht etwas anfangen könnte. Manche Dinge sind nur dazu da, damit sie mich inspirieren. Waschmittelwerbung gehört zu den dümmsten Werbungen, aber manchmal inspiriert mich sogar so ein kleines Fernsehfilmchen – wenn gezeigt wird, wie das Mittel im Gewebe wirkt: Wir sind mittendrin in einem gigantischen Geflecht aus Tauen, das sollen die feinen Fäden im Gewebe einer Bluse sein, riesige braune Brocken kleben daran, das soll

der Schmutz sein, dann schwappt eine grüne Welle daher, und gleich glänzt die ganze Welt vor reiner Sauberkeit. Das Gewebe ist eine eigene Welt.

* * * * *

Woher leitet sich das Wort »Gewand« ab?

Vom althochdeutschen Wort *giwant,* das heißt Kleid. Mittelhochdeutsch *gewant.* Das meint das Ding, das gewendet wird. *Das Gewendete, das gefaltete Tuch.*

In der Zeit, als ich ein Kind war, hat man alte Sachen nicht weggeschmissen. Da war der Mantel vom Opa, der Opa ist gestorben, außen war das Ding arg abgeschabt, also hat man es aufgetrennt und den Stoff gewendet.

Ich mag das Wort *Gewand.* Es macht noch die ärmste Kleidung zu etwas potenziell Vornehmem.

Mit *Gewand* assoziiere ich, dass es mich umfängt, dass es mich einhüllt.

Ist der Mensch arm, wird der Stoff billig sein, ist er noch ärmer, sind es Lumpen, mit denen er sich bedeckt. Ein reicher Mensch zeigt sich in Feinem.

Noch bis in die Achtzigerjahre des vorigen Jahrhunderts war die Textilindustrie in Vorarlberg vorherrschend. Berühmt waren die Spitzen, die in unserem Land erzeugt wurden. Wunderschöne Dinge, Kunstwerke. Besonders in der Gemeinde Lustenau wurden solche Spitzen erzeugt – die »Lustenauer Spitzen«, die waren weltbekannt. Und sehr teuer. Sehr wertvoll.

Besonders in afrikanischen Ländern waren Lustenauer Spitzen beliebt. Unter den Reichen. Vor allem in Nigeria. Irgendwann wurde die Einfuhr dieser Spitzen von den nigerianischen Behörden verboten. Ich weiß nicht warum. Damals konnte man auf den Straßen von Lustenau schwarze Frauen sehen, schöne Frauen, große Frauen, sehr schlank, das fiel auf. – Was ich hier erzähle, ist eine Anekdote, die zum festen Sagenschatz unseres Landes gehört. – Warum die Frauen alle sehr schlank und groß waren, hatte einen Grund: Sie reisten als Schlanke ein und als Dicke aus. Sie wickelten nämlich die Bahnen mit der weißen Stickerei auf der Rückreise um ihren Körper. Sie gewandeten sich mit unseren Spitzen.

Die Lustenauer Sticker wurden sehr reich in diesen Jahren. Ein durchschnittlicher Hiesiger konnte sich ihre Ware nicht leisten.

* * * * *

Die ganze Welt ist ein Second-Hand-Laden. Manchmal könnte man meinen, die Dinge entfalten sich erst, wenn ihr ursprünglicher Zweck abgenutzt ist. Die Dinge warten darauf, anderweitig gebraucht zu werden. Sie wollen gebraucht werden, auch wenn sie unbrauchbar geworden sind.

Nur scheinbar sind sie unbrauchbar geworden. Dann geben sie preis, wozu sie noch da sein können.

Aber die Dinge, so scheint es, mögen nicht jeden. Sie haben Charakter. Sie sind launisch und ungerecht.

Ich erinnere mich an eine Slapstick-Nummer, da kämpft ein Mann mit seiner Jacke. Ich weiß nicht, welcher Schauspieler es war, ob Charlie Chaplin oder Buster Keaton oder ein anderer. Ein Sketch. Die Jacke will ihn nicht, sie kann ihn nicht leiden. Zunächst sieht es ja noch so aus, als stellte er sich ungeschickt an. Das war lustig. Ich habe den Mann ausgelacht. Es ist doch so leicht, sich eine Jacke anzuziehen – wenn der das nicht herbringt, was ist er doch für ein Depp! Dann sieht es so aus, als würde ein Ärmel ihm eine runterhauen. Plötzlich spannt er sich und schlägt zu. Wie eine Peitsche. Dann hängt er wieder schlaff von der Schulter, ein weicher Stoff, der sich weigert, von einem Arm ausgefüllt zu werden. Der Mann starrt den Ärmel an, der Ärmel rührt sich nicht. Dann wendet sich der Mann ab, als würde er nach Hilfe Ausschau halten. Da schlägt der Ärmel wieder zu. Der Mann tut nun, als schaue er weg, schielt aber heimlich hinüber. Der Ärmel bewegt sich ein wenig, bleibt aber still. Merkt er, dass er heimlich beobachtet wird? Schließlich kommt es zum Kampf. Der Mann verheddert sich in seinem Kleidungsstück, er fällt zu Boden, windet sich, zappelt, die beiden Ärmel umschlingen ihn wie Fesseln. Er ist in einer Zwangsjacke gefangen.

Ich lache nicht mehr.

Vielleicht ist es ja gar nicht die Jacke, die sich gegen den Mann erhebt. Vielleicht ist es das Garn, das endlich eine Gelegenheit sieht, sich dafür zu rächen, dass es in ein Gewebe gepresst wurde. Vielleicht aber sind es gar die winzigen Fasern, die rebellieren, weil sie zu Fäden gedreht wurden.

Wir meinen, in den Dingen walte der Geist des Menschen, der sie gemacht hat – Handarbeit! Oder der Geist des Menschen, der die Webmaschine erfunden hat. Was aber, wenn die Dinge selbst eine Seele haben?

Das ist Unsinn!

Warum aber habe ich ein schlechtes Gewissen, wenn ich ein Kleidungsstück, das ich schon lange besitze, lange nicht mehr getragen habe?

Das ist kindisch!

Kindlich wäre der bessere Ausdruck.

* * * * *

Als Kind besaß ich eine Stoffpuppe, ich habe ihr den Namen Hadwig gegeben. So hieß meine Cousine, die ich sehr bewunderte. Ich wollte die Puppe immer bei mir haben. Sie war sehr billig. Ich weiß nicht mehr, wer sie mir geschenkt hat. Alle in meiner Sippe waren arm, niemand hätte mir eine teure Puppe geschenkt. Vielleicht hat sie eine meiner Tanten selber genäht. Sie war aus grobem Stoff. Die Gesichtshaut sah aus, als hätte die Puppe viel Schweres erlebt. Als wäre sie irgendwann an Pocken erkrankt. Augen, Nase und Mund waren aufgestickt. Schön war sie nicht. Gerade deshalb aber, so dachte ich, hat sie meine Liebe nötig. Ich kannte Kinder, die besaßen gekaufte Zelluloidpuppen, die hatten eine glatte, porenfreie Haut. Die kamen mir eingebildet vor, ich mochte sie nicht.

Ich wusste natürlich, dass meine Puppe aus Stoff besteht, der mit Werg ausgestopft ist. Von Leben keine Spur. Trotzdem. Über diese schizophrene Aufspaltung von Kindern ist zu wenig nachgedacht worden. Male mit einem Filzstift auf einen Fetzen Mund, Nase und Augen, und du wirst den Fetzen ein klein wenig liebhaben.

Oder auch nicht.

Ich denke und fühle so, du denkst und fühlst vielleicht anders.

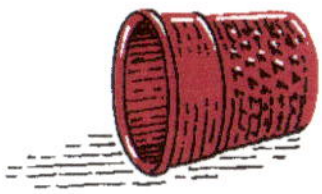

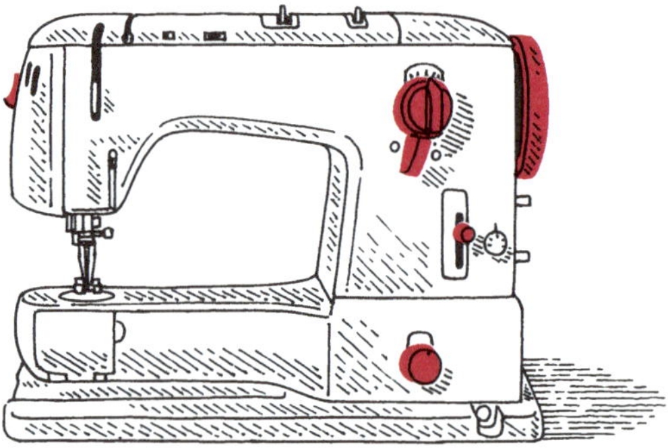

Genähte Erinnerungen

Ich besitze eine Nähmaschine erster Güte. Mit ihr nähte ich meinen Mädchen Röcke und den Buben Hosen. Sie hielten, bis sie nicht mehr passten. So gut waren sie. Dann zerschnitt ich sie und machte daraus Putzlumpen. Die putzen noch heute.

Meine Kinder hätten viel lieber Kleider von der Stange gehabt, etwas, das alle ihre Mitschüler trugen. Das aber war erstens teuer, und wir hatten so gut wie nichts – wenn wir bei der Bank 2000 Schilling abheben wollten, kam der Direktor und fragte, ob es nicht auch 1500 sein können –, zweitens fand ich bei den neuen Sachen nichts, was mir auch nur halbwegs gefallen hätte. Buntes Zeug wie auf einer Reklame für Sonderangebote einer Metzgerei, T-Shirts mit dem Markenlogo darauf, als wären meine Kinder Litfaßsäulen.

Einmal kaufte ich für Oliver, unseren Ältesten, ein Hemd, dessen Ärmel verschiedenfarbig waren, außerdem war der eine Ärmel kariert, der andere gestreift, die Brust dagegen gepunktet, der Rücken gekleckst und ein Stoff wie brüchiger, trockener Kaugummi. Er sah darin so kleinlaut aus. Als würde er dafür bezahlt, dass er dieses Ding trägt, das von Leuten hergestellt wurde, die selbst nicht daran glaubten. Dabei war es sehr teuer gewesen. Nicht einmal der liebe Gott weiß, warum. Oliver hatte es sich ausgesucht. Ich glaube, aus Renitenz, weil ich ihn gezwungen hatte, mit mir ins Kleidergeschäft zu gehen. Am selben Tag noch habe ich das Hemd in brauchbare Einzelteile zerlegt und für mich ein merkwürdiges Blouson daraus gemacht.

Ich stattete meine Kinder selber aus. Ich änderte Abgetragenes meines Mannes und meiner Schwestern. Eigenes Abgetragenes gab es nicht.

Später, ich erinnere mich sehr genau, sagte Paula zu mir: »Wir waren immer die am lässigsten angezogenen Kinder in der Schule.«

Ich sagte: »Aber ihr habt euch doch geschämt, weil die Sachen selbergemacht waren und niemand so etwas hatte.«

»Einerseits«, sagte sie.

»Was heißt einerseits?«, fragte ich.

»Einerseits haben wir uns geschämt, andererseits waren wir stolz.«

»Wie soll das zusammengehen?«

»Das geht gleichzeitig«, sagte sie.

* * * * *

Canvas verträgt Widerstand. Der Stoff besteht aus Leinen und Hanf. Segeltuch wurde aus Canvas gemacht. Der Stoff hat Abenteuer. Meine Tochter Undine hasste ihre Schul-

tasche, und so nähte ich ihr eine aus Canvas-Stoff. Er war unifarben. Undine malte darauf den Kopf von Frida Kahlo. Das kam gut an. Die Augenbrauen der Malerin kamen gut an. Wer Frida Kahlo ist, wussten ihre Mitschülerinnen nicht. Auch Undine wusste es nicht. Sie hatte ein Bild von ihr in einer Kunstzeitschrift gesehen, die auf unserem Esstisch lag. Sie fragte, ob die Augenbrauen dieser Frau da echt seien oder angeklebt. Ob sich diese Frau verkleide. Ich sagte, nein, die ist so.

Da sagte Undine: »Ich verstehe, sie ist von Natur aus verkleidet.«

Ein Kleid von der Natur.

Dazu eine Tasche aus Abenteuerstoff.

Ich nähte nur die eine Tasche, weil das Gewebe so steif war und mir beim Nähen vier Nadeln abbrachen. Zuerst plante ich zwei, eine für mich, eine für Undine.

Wenn Canvas-Stoff gut verarbeitet wird, kann man ihn grob belasten, und er verformt sich nicht. Er ist wasserabweisend, kann auch etliches an Wasser aufnehmen. Zum Beispiel, wenn eine Saftflasche ausrinnt, tropft es nicht. Dann leert man die Tasche aus, füllt Wasser hinein, wäscht sie aus und legt sie eine Nacht lang auf die Heizung. Der Stoff nimmt Farben gut an und bleicht lange nicht aus. Die gemalte Frida Kahlo auf Undines Schultasche ist nach vielen Jahren immer noch frisch, als lebte sie lustig. Die von der Natur verkleidete wunderbare Malerin.

* * * * *

Ich würde gern meinen Mann ausstatten. Er mag es nicht gern extravagant. Nur ein bisschen, Golffalten am Rücken zum Beispiel. Die habe ich ihm in eine seiner alten Jacken eingenäht. Auch, um zu probieren, ob ich es kann. Die Jacke besteht aus einem groben Wollstoff, englisches Muster. Sehr brav sieht sie aus. Für die Falten von der Schulter bis zur Hüfte, die auseinanderklaffen, wenn er sich entsprechend bewegt, habe ich ein dünnes, weiches, tomatenrotes Leder verwendet, Ziegenleder. Es stammte aus meiner Musterkiste, vor vielen Jahren habe ich mehrere Flecken und Streifen auf dem Flohmarkt in Wien gefunden.

In einem alten amerikanischen Film, den Titel, den Regisseur und die Hauptdarsteller habe ich vergessen oder nie gewusst, habe ich einen Mann gesehen, dessen Jacke solche Falten am Rücken hatte. Ich erkundigte mich und erfuhr so den Namen: Golffalten. Eigentlich erklärt sich der Name aus sich selbst. Immer wieder kommt es vor, dass beim kräftigen Ausholen mit dem Golfschläger die Nähte am Rücken aufplatzen, darum hat man frischweg eine Falte eingesetzt. Meistens bestehen Golffalten aus demselben Stoff wie die

Jacke. Ein anderer Stoff und ein anderes Material, besonders die rote Farbe, verleihen der Jacke etwas Zirkusdirektorhaftes.

So viel Extravaganz mutete sich mein Mann zu. So viel Effekt, wie er dazu sagt.

Ich finde, die Jacke steht ihm sehr gut. Wenn er gefragt wird, woher er die habe, antwortet er: »Meine Frau hat sie mir besorgt.«

Einmal habe jemand zu ihm gesagt: »Ich würde so gern wissen, woher Ihre Frau alle die wunderbaren Sachen bezieht, die sie trägt, und nun auch Sie. Bitte, verraten Sie es mir, bitte!«

Da war ich stolz wie der sprichwörtliche Pfau.

Ich kaufte mir vor Jahren, ebenfalls auf dem Wiener Flohmarkt, einen Hut mit einer Pfauenfeder. Ich habe ihn noch nie getragen. Mein Mann sagte – um mich zu necken, sagte er das –, ich solle den Hut aufsetzen und damit ins Weltmuseum in Wien gehen und mich vor die Federkrone des Moctezuma stellen. Wer weiß, vielleicht passiert etwas.

* * * * *

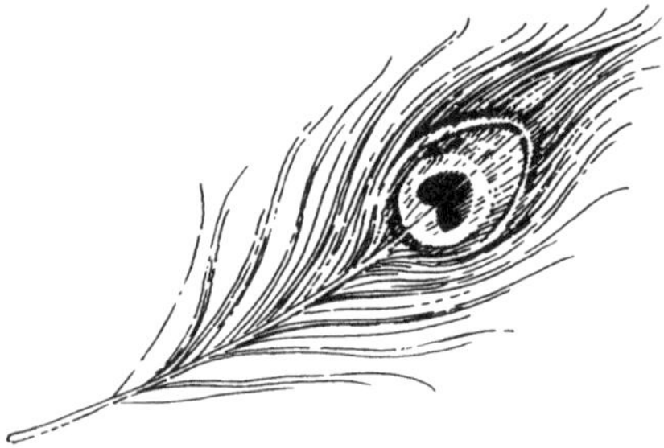

Ist der Mensch sehr arm, ich meine, ist er elend, dann geht er in Lumpen. Aber Lumpen können so sein und so sein. Ich habe einmal im Sperrmüll eine Uniform gefunden. Mottenzerfressen, ausgebleicht, an den Rändern war der Stoff zerbrochen, an einigen Stellen war er angesengt. Ich bildete mir ein, am Rücken wären Einschusslöcher. Ich löste den Stoff aus seiner Fasson und bearbeitete ihn. Bürstete hier, streute dort Asche darüber, bleichte mit Wasserstoffsuperoxyd einen Teil der Ärmel und der Hosenbeine, kleckste blutrote Farbe über die Brust. Dann baute ich aus biegsamem Hühnergitter eine menschliche Figur nach. Unser Sohn Oliver stand mir Modell. Der Figur zog ich die Uniform über. Dann bestrich ich sie mit Flüssigglas und ließ sie austrocknen.

Heraus kam eine dreidimensionale Erzählung. Stundenlang konnte ich vor meinem Soldaten sitzen und ihn ansehen – und mir seine Geschichten abschauen.

Und dann alterte das Flüssigglas und wurde brüchig, und mein Soldat wurde noch schöner. Am Ende trug ich ihn hinaus in den Garten, überschüttete ihn mit Benzin und zündete ihn an.

* * * * *

Auf die Dame in dem Geschäft, in dem die schönen Sachen waren, Knöpfe, Fäden, Stoffe, Reste – sie lebt schon lange nicht mehr –, auf sie möchte ich noch einmal zurückkommen.

Das Geschäft hieß *Bottoni,* obwohl Knöpfe in dem Laden das wenigste waren. Sie hatte so vieles. Sie können sich nicht vorstellen, welche Schätze da herumlagen und zum Glück ungeordnet, ein einziges Durcheinander! Jeder Besuch war für mich ein Abenteuer. Ich fand Spitzen von so zarter Verarbeitung, dass ich Angst hatte, sie könnten in meinen Fingern zerfallen.

Die Frau hieß Elfriede, obwohl sie Italienerin war, ihre Haare waren schon damals weiß wie Zucker. Ihre Augen waren schlecht. Jedes Mal, wenn ich sie besuchte, bat sie mich, ihr etwas vorzulesen, etwas Amtliches meistens. Aber ich glaube, das hat sie nur gesagt, damit sie mir als Belohnung etwas schenken konnte, ohne dass ich allzu dankbar sein musste. Sie gab mir den Schlüssel zum Geschäft und erlaubte mir, jederzeit zu kommen, ich dürfe auch auf den Stoffen schlafen, sollte ich vom vielen Schauen ermüden. Sie lebte allein und wünschte sich jemanden, dem sie vertraute. Am meisten an der Einsamkeit stört einen, dass man niemanden hat, dem man vertrauen möchte.

Nicht nur einmal schlich ich am Abend oder am Sonntag in das Geschäft. Die Rollläden waren heruntergelassen, von außen konnte man mich nicht sehen. Ich legte mich auf den Ballen mit rotem Samt und träumte. Es gab eine Ratte im Geschäft, die an den Stoffen knabberte. Sie schlief im Reste-

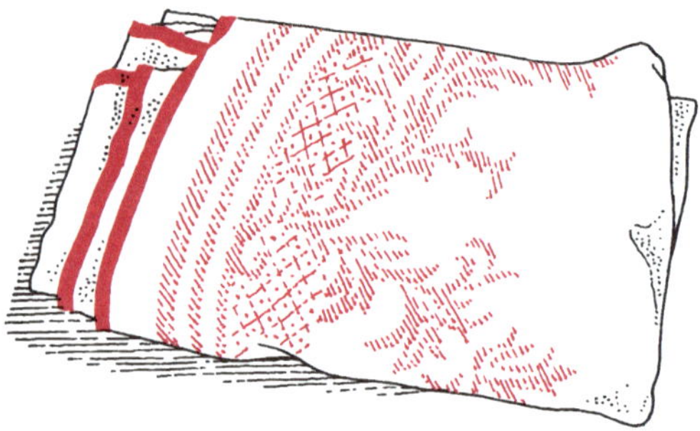

korb. Vor dieser Ratte grauste es mich nicht. Ich streichelte die Stoffe, sie fraß daran. Am liebsten Baumwolle.

Ach, diese wunderbaren Stoffe! Meine Finger in Padua-Seide! Die Dame Elfriede wollte nicht, dass jemand ihren Padua-Schatz angreift, es waren die wertvollsten Stoffe in ihrem Laden, sogar die Ratte hatte davor Respekt. Ich kam mit gewaschenen Händen. Niemand kaufte von diesem Stoff. Er war zu teuer.

»Setz dich zu mir, *cara piccola amica*«, sagte die alte Elfriede mit dem weißen Zopf. »Ich zeige dir, was wirklich gute Stoffe sind.«

Sie zog ihren Mantel vom Kleiderbügel, der sah alt aus und roch muffig. Aber gut muffig, kleidermuffig, nicht rauch- oder essensmuffig. Alter, guter, textiler Staub. Abrieb von Stoffen.

»Kamelhaar«, sagte sie, »das Allerbeste! Luxus aus der Wüste! Ich trage diesen Mantel seit über fünfzig Jahren. Ich greif ihn an, ich streichle darüber. Das war einmal ein Kamel. Aber nicht die Haut eines Kamels, nur die Haare der Haut eines Kamels. Früher gab es so etwas bei mir zu kaufen, da war ich eine erste Adresse. Bei der heutigen Kundschaft käme ich damit nicht an. Die Leute haben kein Geld mehr, und die, die welches haben, kaufen sich die fertigen Stücke in Mailand. Aber älter als zwei Jahre darf ein Stück nicht sein. Die Leute, die Geld haben, kaufen etwas Schönes, ziehen es zweimal an, dann weg damit! Und wohin? Die armen Kleider! Ein langer Weg vom Mantel bis unter die Erde, länger als unser Weg.«

* * * * *

Ich überredete meinen Mann, sich bei *Knize* in Wien am Graben einen Anzug schneidern zu lassen, mit Weste, Bundfaltenhose, aus Kamelhaar. Er sieht darin so vornehm aus, dass ich mir, sollte ich ihn irgendwohin begleiten, beim Aussuchen meiner Garderobe größte Mühe geben müsste.

Es ist ein gutes Gefühl, fabelhaft gekleidet zu sein, und ein nicht weniger gutes Gefühl ist es, neben sich einen ebenso gut gekleideten Mann zu haben.

* * * * *

Ich besitze einen Kaschmirpullover, den hüte ich, wie ein anderer die Blaue Mauritius hüten mag. Er liegt zuunterst in meinem Schrank, um ihn vor mir selber zu schützen. Ich würde ihn am liebsten an jedem kühlen Tag tragen. Diesen Winter holte ich ihn heraus und traute meinen Augen nicht. Überall Mottenlöcher. Vornehmlich an der Brust. Ich musste an die Ratte in Signora Elfriedes Laden denken. Voll Zorn dachte ich: Die hatte noch Manieren! Die hätte an den Rändern gefressen, nicht aus der Mitte!

Kleidermotten wählen sorgfältig, wo sie ihre Eier ablegen. Die Larven ernähren sich von Keratin, das in meinem Kaschmirpullover vorhanden ist. Ich habe ein Kissen aus roter Seide genäht und da hinein stecke ich meinen zerfressenen Pullover. Dann bleibt er bei mir.

* * * * *

Ein wichtiger Stoff in meinem Leben ist Leinen, weißes, festes Leinen, das bei uns auf dem Esstisch lag.

Die weiße Schürze meiner Mutter, ebenfalls aus Leinen, mit einer Schleife am Rücken, die ich im Spaß öffnete, um sie zu necken.

Dann Mutti, mit zweiundvierzig, sie lag im Sarg, sie hatte das hellblaue Baumwollkleid an, bestickt mit kleinen Blumensträußchen. Wir drei Mädchen standen davor und schauten auf sie nieder. Trugen weiße Kniestrümpfe und braune Schuhe, dunkelblaue Faltenröcke, weiße Blusen. Grete hatte ihre langen Zöpfe und ich den hohen Rossschwanz, ich sah aus wie ein Geschenk und schämte mich vor den Klassenkameradinnen, die man allesamt zur Beerdigung abkommandiert hatte. Renate hatte wegen Ohrenschmerzen eine Angorakappe auf dem Kopf. Mutti im Sarg war so mager, aber der Bauch wölbte sich hoch, als ob ein ungeborenes Kind drinnen säße, aber es war der Krebs. Ein Tier mit einem Buckel und einer Haut, aus der die Borsten stehen. Zu nichts zu gebrauchen.

* * * * *

Einmal besuchte ich meine Schwester Renate in Berlin. Sie gab viel auf sich. Ich hatte ihr ein schiefes Hütchen aus schwarzem Rips genäht, verziert mit Gabel und Messerchen aus dem Puppengeschirr meiner Töchter.

»Wir gehen aus«, sagte sie, und ich wusste, das war nun ein Programm.

Ich wusch mir die Haare, sie zog ein elastisches Kleid von *Wolford* an, das ihre tolle Figur betonen sollte und auch betonte.

Ich ärgerte mich, weil sie so ein Getue machte und besser aussehen wollte als ich.

Als sie mich fragte, wie ich sie finde, sagte ich: »Du siehst aus, als hättest du einen Taucheranzug an.«

Ihr Selbstbewusstsein war so üppig, dass es sie nicht störte. Sie steckte sich eine Banane in das Ripshütchen, schlüpfte in hohe Schuhe. Nun war sie einen Kopf größer als ich. Auch das noch.

»Wir gehen in den *Zwiebelfisch*«, sagte sie, »das ist eine berühmte Berliner Kneipe, dort kennt man mich, und ich geh gratis durch.«

An unseren Tisch trat ein alter Herr, faltig, müde, gekleidet in feines Tuch. Der Schnitt sagte, »mein inniger Besitzer war ehemals stärker«.

Der Herr küsste Renates Hand und lobte ihren Hut: »Reizend!«

Er stellte sich mir vor: »Mein Name ist Robert Biberti, der bin ich und war ich.«

Er war der letzte der Comedian Harmonists.

»Hat mir meine Schwester gemacht«, sagte Renate und zeigte erst auf mich, dann auf das schiefe Hütchen.

»Kann man die Banane essen?«, fragte er.

»Haben Sie Appetit?«, fragte Renate.

»Ich krieg ja fast nichts mehr hinunter«, sagte er. »Aber eine Banane geht immer. Was meinen Sie?«

Die Frage war an mich gerichtet.

»Das Hütchen war eigentlich nicht für eine Banane vorgesehen«, sagte ich. »Also bedienen Sie sich.«

Vorsichtig zupfte er die Frucht aus Renates Kopfschmuck, schälte sie und biss groß ab.

»Sind Sie Näherin?«, fragte er noch mit vollem Mund.

Ich sagte, das war mir gerade eingefallen und war ein Blödsinn: »Nein, ich arbeite im Auswärtigen Amt.«

Schon gelogen!

Herr Biberti bestellte Wermut, und wir tranken, wir drei.

* * * * *

Mein erster Mann war Vertreter für eine vornehme italienische Stofffirma. Wenn eine Kollektion ausgelaufen war, schenkte er mir die alten Muster. Das waren keine kleinen Flecken, das waren wunderbare Bahnen, für mich unbezahlbarer Stoff. Ich nähte mir daraus einen Rock. McKenzie Monarch. Der sah zwar sensationell aus, war aber sehr steif, sodass ich darin auftrat wie eine Tulpe. Nie zog ich den Rock an. Wo immer ich zu Hause war, hängte ich den Rock an meinen Schrank, weil er wie ein Kunstobjekt wirkt.

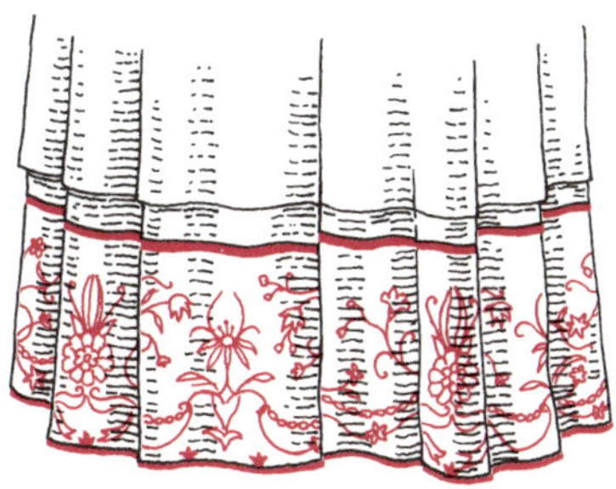

Aus den übrigen Bahnen nähte ich einen Teppich. Dabei stellte ich meine Nähmaschine hinaus in den Garten, weil im Haus nicht genug Platz zum Nähen gewesen wäre. Sieben Nadeln brachen mir ab. Auf den Feldern mähten die Bauern. Der Teppich liegt jetzt bei Michael, meinem zweiten Mann, im Arbeitszimmer. Er leuchtet noch immer.

* * * * *

Die katholische Kirche liebe ich wegen ihrer liturgischen Stoffe, Metallic Brokat, Kreuzdruck, Nazareth, unmetallisch-griechischer Brokat, Damast. Der Purpur für die Kardinäle, rot wie Blut, Feuer für den Heiligen Geist. Schärpen, Stolas aus Grün, Gold, Violett. Schäbiges Schwarz, schäbig wie der Tod.

Ich bat meinen Bruder Richard, der ein nachlässiger Ministrant war, er möge mir eine Stola mitbringen, die haben so viele, sagte ich, das merkt keiner. Ich wollte sie an meinen Morgenmantel annähen. Wie wunderbar sich das anfühlen würde, mit so einem Ding in der Wohnung herumzulaufen und sich an einen anderen Ort zu träumen. Hätte ich nur so ein heiliges Gewand am Leib! Richard steckte die violette Stola in seinen Rucksack, es war gerade vor Ostern. Er gab sie mir wortlos. Sie roch nach Weihrauch und Kirchenmuff, und da hatte ich keinen Mut mehr, sie zu einem Stück von mir zu machen. Ich bat Richard, die Stola wieder zurückzubringen. Er weigerte sich. Ich habe die Stola zwischen meine Stoff-Heiligtümer gesteckt. Manchmal ziehe ich sie hervor, bekreuzige mich und streiche darüber. Und denke an meine Sünden.

Richard trug bei seiner Hochzeit einen weißen Anzug, und als er sich mit dreißig das Leben nahm, hatte er sich diesen Anzug angezogen. Er sah so traurig aus damit. So mager. So lebensmüde. Der Stoff des Anzugs war weißes, billiges Leinen.

* * * * *

Mit den Leinenanzügen ist das so eine Sache, man denkt, sie sind schick, und dann, einmal getragen, sehen sie zerknautscht aus wie gebrauchte Leintücher. Wer Leinen mag, sagt, genau das ist es. Ich finde das nicht. Leinen, finde ich, sieht nur dann nach seiner Bestimmung aus, wenn es hart, glatt und viereckig ist.

Michael besitzt einen Leinenanzug. Es gibt ein Foto, er mit Gitarre und seinem weißen Leinenanzug. Das Bild hängt bei uns in der Diele. Für einen Musiker sieht zerknautscht vielleicht passend aus. Aber auch nur vielleicht. Und warum? Man könnte darin in einer durchzechten Nacht geschlafen haben, das fördert das Image eines Musikers.

Ich erinnere mich an den Film *Unter dem Vulkan* nach dem gleichnamigen Roman von Malcolm Lowry. Der Film spielt in Mexiko. Es ist die Geschichte des Konsuls Geoffrey Firmin. Firmin ist ein rettungsloser Alkoholiker. John Huston hat den Roman 1984 verfilmt, in den Hauptrollen Albert Finney und Jacqueline Bisset. Den ganzen Film hindurch trägt Finney einen weißen Leinenanzug. Nach wüsten Tagen und wüsten Nächten wird der Anzug zum Sinnbild für das Leben des Konsuls – wie das Bildnis des Dorian Gray.

* * * * *

Meine Schwester Grete ging mit sechzehn als Au-pair nach Frankreich, und als sie zwei Jahre später heimkam, war sie schwanger. Sie sagte uns nicht, wer der Vater ist. Ich stellte mir einen rassigen Algerier vor, denn ihr Kind war eine dunkle Schönheit. Ein Bub, fast sollte ich sagen, ein Knabe, weil er so märchenhaft aussah, schwarze Augen, Wimpern, seidig und lang, wie ich sie noch nie gesehen hatte und auch später nie mehr sah. Aaron nannte sie ihn, weil zwischen uns eine Wette lief: Wer das erste Kind zur Welt bringt, soll es nach seiner Lieblingsfigur aus einem Roman nennen. Grete las gerade *Jenseits von Eden* von John Steinbeck.

»Wenn selbst ein Kind nicht mehr lacht wie ein Kind, dann sind wir jenseits von Eden …«

Aaron arbeitet heute etwas mit Computern.

Als Grete schwanger nach Hause kam, hat sie sich bei unserer Tante einquartiert. Sie saß auf dem Boden und nähte von Hand ein Umstandskleid. Ich erinnere mich an den Stoff. Es war ein Jersey-Stoff mit kleinen blauen Karos, der sich dehnen ließ, was bei dem wachsenden Bauch praktisch war.

* * * * *

Als mein Vater starb, trug er seinen besten Anzug, ein schwarzes, hartes Stück, darunter ein weißes Nylonhemd mit einer rostroten Krawatte aus Polyamid.

Er sah aus wie Mao Tse-tung, wie er so dalag. Gerade siebenundsechzig Jahre ist er geworden.

* * * * *

Das Kommunionkleid unserer Tochter Paula war aus weißem Tüll, und sie sah darin aus wie eine Prinzessin. Umso mehr erstaunte es uns, dass sie nach der Feier auf den Apfelbaum kletterte. Man hätte meinen können, da wächst eine Blüte.

Als sie mit einundzwanzig bei einer Bergwanderung abstürzte, trug sie ihre Lieblingsjeans, die Michael und ich nach ihrem Tod unter dem Apfelbaum begruben.

Im Sarg hatte sie den rehbraunen kurzen Rock an, aus Sämischleder, der einmal lang war und den ich gekürzt hatte, dazu ein gelbes T-Shirt.

* * * * *

Unser Sohn Lorenz, der Maler, zieht sich gern modisch an. Er achtet auf Qualität. Er lässt an sich keinen Schund zu. Als er ein Bub war, spielte er gern im Keller und saß auf dem Steinboden, dort schlug er Nägel in seine Holzklötze und bohrte in Bretter. Ich nähte ihm auf seine Hose ein Kissen aus Teppichstoff, damit er sich nicht verkühlte. Er konnte für die Nacht die Hose neben sein Bett stellen, so steif war sie. Sie stand dort in der Dunkelheit wie ein halber Mann.

Einer seiner Freundinnen, einer Spanierin, nähte ich aus reißfester Perlseide ein Theatertäschchen. Sie nahm es auch untertags. Einmal ließ sie es in einer Metzgerei liegen und war darüber sehr traurig.

* * * * *

Gerade fiel mir das Wort »Hosenboden« ein. Ich schau nach im Wiktionary, da steht: »Bereich des Beinkleides, der das Gesäß bedeckt.« Aber dieser Teil reicht doch nicht auf den Boden hinunter, es sei denn in einer Karikatur. Warum Boden? Unter der Rubrik *Redewendungen* lese ich: »Jemandem den Hosenboden stramm ziehen.« Daran erinnere ich mich. Das bedeutete, jemanden zu verhauen. Ein Kind verhauen. »Wenn ich das dem Vater sage, der wird dir den Hosenboden stramm ziehen!« Böse Väter haben auf den blanken Hintern gehauen. Barmherzige Väter haben zwischen Hintern und Kochlöffel ein Stück Stoff erlaubt. Das machte einen großen Unterschied. Auch wenn die Schläge auf den Stoff heftiger ausfielen als auf die Haut, war der Schlag auf den blanken Kinderpopo auf alle Fälle demütigender. Der Hosenboden zeugte von wenigstens einem Minimum an Respekt: Auch das eigene Kind ist in gewisser Weise ein eigener Mensch, der für sich in Anspruch nehmen darf, dass seine Intimsphäre gewahrt bleibt. So gesehen wäre dieser kunstvoll gerundete Teil der Hose ein feines Schutzmäuerchen um das Menschenrecht. Aber ein Boden?

Weil Kinder gern auf dem Boden sitzen beim Spielen – ob der Begriff daher rührt? Kann ich mir nicht vorstellen. Das Wort bleibt ein Rätsel für mich.

* * * * *

Ich war nach der Geburt meiner zwei letzten Kinder so unglaublich erschöpft, Eisenmangel, und verbrachte viel Zeit im Bett. Paula, die gerade fünf war, spielte Ärztin, sie trug einen weißen Kittel aus Baumwolle, darauf stand ihr Name: Dr. Paula Köhlmeier. Wenn sie mich untersuchte, war sie sehr zart. Sie brachte zu den Hausbesuchen ihren Hund mit. Den Hund verkörperte der dreijährige Lorenz. Er hatte eine russische Pelzmütze übergezogen und schlapperte aus einer tiefen Schüssel Wasser.

* * * * *

Unser ältester Sohn Oliver ist und war lesesüchtig. Gerade vierzehn geworden, lag er auf seinem Bett und las Dostojewskis *Erniedrigte und Beleidigte*. Er trug dabei einen Trainingsanzug von *Adidas,* der innen einmal flauschig gewesen war, aber vom vielen Waschen nichts mehr hergab. In den Ferien trug er den Anzug Tag und Nacht. Er roch trotzdem gut. Nach Zimt und Zucker.

Einen Trenchcoat aus Gabardine kaufte sich Oliver in Liverpool. In einem Pub goss ihm ein Betrunkener sein Bier darüber. Das frustrierte Oliver so sehr, dass er den Mantel auszog und nur mit Hemd und Weste das Lokal verließ. Ein Gast nahm irgendeine Jacke von der Garderobe und lief ihm nach und drängte sie ihm auf. Oliver stapfte durch den Regen und fluchte. Die Jacke stank nach Rauch und altem Schweiß und Bier und zu scharf angebratenen Würsten. Er zog sie dennoch an, weil er fror.

Er besitzt die Jacke heute noch. Aber er zieht sie nicht an, Oliver trägt nur Schwarzes. Die Jacke ist aus Tweed. Hinten eine Rückenspange, ein Dragoner, vorne Taschen mit Klappen, auch die Brusttasche. In einer der Taschen war ein Fahrschein Londonderry–Belfast.

* * * * *

Wir waren arm, zwei junge, erfolglose Schriftsteller, wollten aber Freiberufler bleiben. Vier Kinder, freiwillige Krankenversicherung, kein Urlaub, kein Weihnachtsgeld. Michael arbeitete beim Rundfunk, er trug Undines Fliegerjacke auf. Die wollte sie nicht mehr haben. Sie bevorzugte ihre Jeansjacke. Die war ausgeliehen und nicht mehr zurückgegeben und auch nicht mehr zurückverlangt worden.

* * * * *

Als junge Frau fühlte ich mich den Hippies verbunden, deshalb nähte ich mir weite Schlaghosen aus Vorhangstoff, mit Blumenmuster. Meine Kleider waren lang und aus gutem Stoff. Manchmal kam es vor, dass ich an einer Hecke hängenblieb, dann hatte ich einen Riss im Kleid. Wir sagen dazu »Schranz«.

Einen Schranz kann man nur in einem Stoff haben.

* * * * *

Meine Enkelinnen Soffi und Marie hatten eine »Superidee«, wie sie dazu sagten. Sie wollten allen Verwandten einen Stoffrest abbetteln und daraus eine Generationendecke nähen.

Sie saßen auf dem Boden im Bügelzimmer und nähten von Hand. Dabei hörten sie ihre Musik. Billie Eilish. Lady Gaga.

Im Jahr 2010 trat Lady Gaga in einem Kleid aus Fleisch auf. Bereits 1964 veranstaltete die amerikanische Künstlerin Carolee Schneemann eine Performance, bei der sie Menschen mit rohem Fleisch »bekleidet« auftreten ließ. Auch die Performerin Marina Abramović umgab ihren Körper bei einer Vorführung mit Fleisch, Blut und Haaren.

Die fertige Decke gefiel meinen beiden Enkelinnen sehr gut, und sie konnten sich nicht entscheiden, wem sie gehören sollte. Deshalb schnitten sie sie in der Mitte entzwei. Ich erzählte ihnen die Geschichte vom heiligen Martin. Da nähten sie die Teile wieder zusammen. Und gaben mir die Decke zur Aufbewahrung. Ich bin die Hüterin der Generationendecke.

* * * * *

Immer wieder brauche ich Stoff. Ich hänge in der Luft, wenn ich keinen Stoff habe. Deshalb suche ich in Michaels Arbeitszimmer danach und werde nervös, wenn ich nichts finde.

Einmal sehe ich ihn auf seiner Freud-Couch liegen – ich wecke ihn nicht, decke ihn mit der marokkanischen Atlas-Decke zu, die üppig ist wie das Gebirge. So eingepackt könnte er bereit für Auskünfte sein. Das Gewebe der Atlas-Decke ist glatt und glänzend an der Oberfläche, die Unterseite wärmt und ist stumpf. Ich ziehe ihm die Socken aus. Ich frage ihn, ob meine Vorstellung stimmen könnte, wenn es darum geht, Kleidung gemäß des Berufes zu tragen, dass sogleich zu erkennen wäre, wer sich wem zugehörig fühlt. So kompliziert drücke ich mich aus, sonst wacht er nicht auf.

Er hebt seinen Kopf im Schlaf, legt sich sogleich wieder auf das Kissen und murmelt: »Zum Beispiel ordne ich meinen Morgenmantel aus schwerer Atlas-Seide, der eigentlich ein Tagesmantel ist und den man nicht selber waschen darf, obwohl er es nötig hätte, weil er nach ewigem Bücherstaub riecht, einem Schriftsteller, wie ich einer bin, zu.«

Und ist schon wieder weg.

Stoffe verbinden, mich in meinem Morgenmantel aus japanischer Seide mit ihm in seinem aus Atlas.

Oft ziehe ich auf Lesungen einen von Michaels Herrenanzügen an, der ihm nicht mehr passt. Ich muss ihn am Gürtel enger zurren. Mir zu weit, ihm zu eng. So ist das Leben. Ich nehme auch seine Krawatte, die mit den roten Punkten. Diesen Anzug hat ein Schneider von kleiner Größe genäht. Wissen Sie, was Vikunja ist? Dem Anzug beigefügt befindet sich ein kleiner Zettel, darauf hatte der kleine Schneider akkurat geschrieben: »Fischgrätmuster an Vikunja (rehäugige Kreatur mit gelbbraunem Fell).«

Der Anzug war gebraucht, gereinigt und aufs Neue zum Kauf angeboten worden. Meinem Mann passte er. Gut, um die Mitte herum ein wenig eng. Er kostete nur ein Fünftel, so war er auch für einen wie uns erschwinglich. Michael hat ihn nur einmal getragen, und zwar bei der Hochzeit meines

Bruders Richard. Er kam sich dabei ein wenig *overdressed* vor, wie er sagte, zumal mein Bruder, der ja die Hauptperson war, nur einen zu großen Leinenanzug trug, ausgeliehen von seinem Buchdrucker-Freund und dann geschenkt bekommen. Beim Essen öffnete Michael den obersten Knopf des Hemdes. Ich war es dann, die den Anzug erbte, ihn sogleich mit Mottenstreifen versah und in den Kleiderschrank hängte. Ich war damals unbedeutend als Schriftstellerin, sodass ich mir den Anzug öffentlich nicht zutraute. Erst im halbhohen Alter, nach drei Romanerfolgen, nahm ich den Anzug aus dem Kasten und probierte ihn. Er passte beinahe wie angegossen, um die Taille herum ein wenig locker. Ich suchte lange nach einem geeigneten Gürtel, und weil ich keinen fand, nähte ich mir einen aus einem Rest Wildleder, in der Farbe des Vikunja. Die Schnalle stemmte Michael von einem seiner Gürtel ab und montierte sie an meinen Wildlederstreifen. Ich stellte mich vor den Spiegel, zog meine orthopädischen Schuhe an, die inzwischen *up to date* sind und meine Beine verlängern.

Michael sagte: »Der Anzug macht dich zu einer Vortragskünstlerin.«

»Ach«, stöhnte ich, »kannst du mir dann noch für meine Stimme Tipps geben?« Da kennt sich nämlich mein Mann fabelhaft aus.

Einmal trug ich den Anzug im Literaturhaus in München. Ich gebe zu, dass ich enttäuscht war, dass mich niemand lobte. Die Garderobiere fasste mein Revers an und sagte: »Gestatten Sie mir die Frage: Wo haben Sie denn den gefunden?« So abschätzig, als ob mein Anzug in einem Abfallhaufen gelegen wäre. Ich drehte mich weg, und sie rief mir nach: »Verzeihen Sie, verstehen Sie mich nicht falsch, der Stoff ist besonders, aber im Großen und Ganzen …«

Das Große und Ganze sind die Stoffballen, das Kleine und Besondere ist der Faden.

Noch nicht besprochen wurde der Knopf. Aber das ist ein anderes Thema. Reißverschluss und Zippverschluss sind großartige Erfindungen, unter dem Aspekt der Schönheit betrachtet aber Schritte zurück …

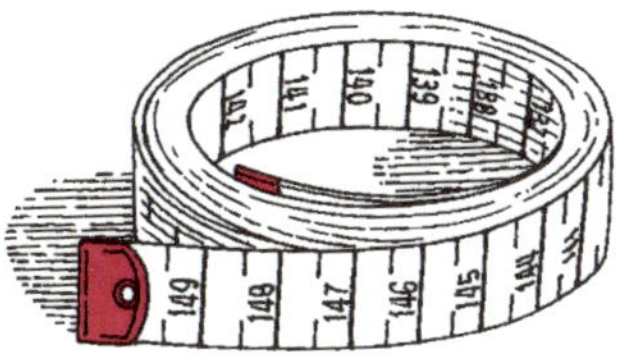

Ach, was wären wir ohne Stoffe! Wir würden auf unsere Bäuche hinabsehen.

Als ich gestorben war, begrub man mich in einem Sarg, ausgeschlagen mit handgefertigtem Filz, geschehen in Mörön am Fluss Moron, was übersetzt »Idiot« heißt und in der Mongolei liegt. Filz deshalb, weil er die Wärme hält, was bei einer Toten ein Luxus ist. Zugedeckt war ich zudem mit einer Lammdecke. In meinen Haaren saßen Kolibris, die mich in den Himmel trugen.

Ist der Mensch arm, wird der Stoff billig sein, ist er noch ärmer, sind es Lumpen, mit denen er sich bedeckt. Ein reicher Mensch zeigt sich in Feinem.

MONIKA HELFER geboren 1947 in Au/Bregenzerwald, lebt als Schriftstellerin in Vorarlberg. Sie hat zahlreiche Romane, Erzählungen und Kinderbücher veröffentlicht. Für ihre Arbeiten wurde sie mit zahlreichen Preisen ausgezeichnet. Zuletzt erschienen von ihr die Romane »Die Bagage« (2020), »Vati« (2021), mit dem sie für den Deutschen Buchpreis nominiert war, »Löwenherz« (2022) und »Die Jungfrau« (2023).

Bibliografische Information der Deutschen Nationalbibliothek
Die Deutsche Nationalbibliothek verzeichnet diese Publikation in der Deutschen Nationalbibliografie; detaillierte bibliografische Daten sind im Internet über http://dnb.dnb.de abrufbar.

www.residenzverlag.com

Umschlaggestaltung, Illustrationen, Layout und Satz: Hanna Zeckau
Gesamtherstellung: Graspo CZ Printing House

ISBN 978-3-7017-3607-2